AF267851

NOTICE

SUR

DANIEL LEGRAND

PAR

FRÉDÉRIC MONNIER

AUDITEUR AU CONSEIL D'ÉTAT

Voici, je suis toujours avec vous jusqu'à la fin.
Evang. St. Matth., c. xxviii, v. 20.
Demeurez en moi, et moi je demeurerai en vous.
Evang. St. Jean, c. xv, v. 4.

PARIS

LIBRAIRIE DE VEUVE BERGER-LEVRAULT ET FILS,

PARIS,
8, RUE DES SAINTS-PÈRES.

STRASBOURG,
26, RUE DES JUIFS.

1859

NOTICE

SUR

DANIEL LEGRAND

PAR

FRÉDÉRIC MONNIER

AUDITEUR AU CONSEIL D'ÉTAT

> Voici, je suis toujours avec vous jusqu'à la fin.
> *Evang. St. Matth.*, c. xxviii, v. 20.
> Demeurez en moi, et moi je demeurerai en vous.
> *Evang. St. Jean*, c. xv, v. 4.

PARIS

LIBRAIRIE DE VEUVE BERGER-LEVRAULT ET FILS,

PARIS,		STRASBOURG,
8, RUE DES SAINTS-PÈRES.		26, RUE DES JUIFS.

1859

Que mes amis me permettent de leur offrir ces quelques lignes consacrées au souvenir d'un homme que nous avons tous aimé. Qu'ils y voient, de ma part, le désir de répondre à l'amitié et à la confiance dont M. D. Legrand avait bien voulu m'honorer ; qu'ils y voient aussi l'expression d'une gratitude de famille pour la cordialité avec laquelle il accueillait dans sa maison, il y a vingt-huit ans, des étrangers catholiques, et leur remettait l'Évangile qu'ils entendaient lire chez lui pour la première fois ! Sa foi et ses œuvres ont porté leurs fruits et feront bénir sa mémoire, alors même que la mousse aura effacé de sa tombe son nom vénéré.

F. M.

DANIEL LEGRAND

Nos journaux religieux ont annoncé il y a quelque temps la mort de M. Daniel Legrand, du Ban-de-la-Roche. Le **16** mars dernier, il expirait en paix, au milieu de sa famille réunie à son chevet. Trois jours après, à l'ombre de l'église de Fouday et à côté de la tombe d'Oberlin, une autre tombe était creusée. Les habitants du Ban-de-la-Roche, descendus des villages de la montagne, se pressaient autour d'elle, écoutant les paroles émues du ministre de la paroisse, de M. le professeur Cuvier, et des pasteurs de Neuviller et de Rothau ; puis, après qu'une voix catholique se fut encore fait entendre et eut apporté, elle aussi, son hommage, les enfants des six écoles de la vallée vinrent à leur tour jeter sur la bière une couronne de mousse et de verdure, et le cercueil en fut tellement couvert que des fleurs seules l'ensevelirent.

Nous aussi, nous voudrions apporter notre couronne au souvenir de M. Legrand, ou plutôt à l'honneur du maître qu'il a si fidèlement servi, et recueillir dans sa vie des directions et un exemple pour nos amis et pour nous-mêmes. Nous ne craignons pas de glorifier ainsi un homme qui a été grand non par ses talents et sa position, mais par l'énergie de sa foi, la chaleur de ses convictions, et par la sainteté de la cause à laquelle il s'est dévoué. Industriel et laïque, si, malgré ce qu'il a donné de temps et de soins à sa famille et à sa profession, il laisse autour de lui des traces aussi profondes, et, dans l'Église, un souvenir aussi respecté, il le doit entièrement à la noblesse de son cœur, qui lui faisait embrasser toutes les causes généreuses, et à la persistance infatigable qu'il mettait dès lors à les servir.

Nous le connaissions tous. Aux assemblées religieuses de Paris, aux fêtes annuelles de Bâle, qu'il suivait si régulièrement, au Kirchentag de Stuttgard en 1850, à la réunion de l'Alliance évangélique de Francfort en 1854, nous l'avions vu avec son air vénérable, sa noble figure, son œil de feu, son empressement cordial, se hâter d'un ami à l'autre, impatient de les retrouver tous et de parler avec eux des préoccupations élevées qu'il avait toujours au cœur. Il nous semblait le chrétien d'un autre âge ; son âme forte, en effet, était encore tout imprégnée du temps de sa jeunesse et pénétrée des traditions domestiques.

Jean-Luc Legrand, son père, né à Bâle en 1755, avait rencontré l'esprit nouveau du siècle dans ses études de théologie à Leipzig et à Gœttingue, puis dans ses voyages en France et en Angleterre ; et, partageant ses aspirations, il s'était dévoué à la cause des lumières et de la justice. Relever l'homme par l'éducation, tels furent ses espérances et l'objet de ses efforts. Confié pendant sa jeunesse aux soins d'un maître distingué, ayant fait son étude favorite des ouvrages de pédagogie, lié avec Pestalozzi, il se chargea de la direction de l'enseignement public dès qu'il fut nommé au gouvernement de Bâle. Plus tard, élu président du directoire de la République Helvétique, il fit de sa maison un centre d'idées généreuses et libérales. Quand vinrent les années de guerre, il fonda, pour les enfants des soldats tués dans la lutte, l'institut de Stanz, dans le canton d'Unterwalden, dont Pestalozzi, sur ses instances, prit la direction. Lorsque, enfin, Bâle fut envahie, il chercha encore à protéger les écoles et les églises, puis se retira à Arlesheim, à l'entrée du val de Moutier, et y fonda une fabrique de rubans de coton, qu'il transporta, en 1804, dans l'ancien couvent de Saint-Morand, près d'Altkirch.

C'est là que son fils, M. Daniel Legrand, commença sa carrière d'industriel. Né à Bâle le 28 novembre 1783, après avoir passé deux années dans les Grisons, à l'institut de Reichenau, où Louis-Philippe, proscrit, venait d'enseigner les mathématiques, il fit un séjour à Neufchâtel, puis revint s'occuper à Bâle de l'industrie des rubans, et partager avec son père la direction de la fabrique de Saint-Morand. C'était un établissement patriarcal, bien qu'important, et dont nos mœurs industrielles ne rappellent guère les habitudes. Les ouvriers étaient logés dans l'établissement. Le chef présidait avec sa famille à leurs repas, et dirigeait, aidé de son fils, l'instruction de leurs enfants. Le même esprit paternel, la même simplicité de vie régnait alors au Ban-de-la-Roche, autour d'Oberlin. Ces deux hommes, mis en rapport par une visite réciproque que se firent leurs fils en 1810, devaient se comprendre et se rapprocher. Deux ans après, en 1812, M. Legrand père, accompagné de douze familles d'ouvriers, venait s'établir à Fouday, petit village de la vallée du Ban-de-la-Roche.

Pendant que les métiers de rubans se multipliaient dans les chaumières, et apportaient quelque aisance à une population jusque-là tout agricole et réduite à cultiver des pentes escarpées et rocheuses, sans autre engrais souvent que la cendre des bruyères, M. Legrand père, de concert avec Oberlin, s'occupait des écoles ; il en faisait bâtir à ses frais, prenait en main leur direction, formait des instituteurs, renouvelait les méthodes et les plans d'étude, et, tandis que des médailles d'honneur étaient décernées à ses efforts par le ministre de l'instruction publique, il poursuivait modestement sa tâche jusqu'à ce que, le 5 octobre 1836, il s'endormit à l'âge de quatre-vingt-deux ans. Ayant perdu la vue pendant les deux dernières années de sa vie, il se faisait encore lire, chaque semaine, les cahiers des moniteurs, afin de suivre les progrès des élèves et de désigner leurs travaux pour la semaine suivante.

M. Daniel Legrand apporta à l'éducation des enfants toute la sollicitude de son père. Sans qu'il ait été un homme de science, de méthode ou de direction pratique, c'est assurément grâce à lui qu'aujourd'hui, au Ban-de-la-Roche, l'instruction est en honneur dans toutes les familles; que les enfants, malgré les travaux des champs, suivent exactement l'école toute l'année; que le texte choisi par la société des frères Moraves, la *parole du jour* est régulièrement inscrite par eux sur un cahier spécial, puis apprise par cœur, et que tout le pays prend part, le jour de l'Ascension, à la fête des Écoles. M. Legrand portait aux instituteurs un intérêt cordial. Chaque année, le jour de l'Ascension, avant de présider à la distribution des récompenses, il faisait asseoir à sa table les régents du Ban-de-la-Roche, et savait ainsi, par ses égards, leur rappeler l'importance de leur vocation. « C'est par l'élément chrétien qu'il est urgent de perfectionner les écoles, » disait-il à l'une de ces fêtes annuelles, et répétait-il souvent, « il n'y a que la foi vivante au Sauveur, au divin ami des enfants, qui puisse rendre l'instituteur capable de sa mission. » Dévoué aux enfants, pour lesquels il avait toujours une parole d'affection et un sourire, et désireux de conserver aux plus jeunes une éducation douce et maternelle, qui développât surtout leur cœur, il fonda, en 1844, dans les six villages de la paroisse, des écoles enfantines, dirigées par de jeunes filles pieuses. C'est là que, jusqu'à l'âge de sept ou huit ans, les enfants vont passer leur journée, au milieu du chant des cantiques, d'exercices faciles et de leçons élémentaires. M. Legrand a laissé à cette institution, à laquelle il avait mis tout son cœur, des ressources suffisantes pour subsister après sa mort.

Cet amour des petits l'entraîna à d'autres efforts et dans une vaste sphère. Le travail des enfants dans les manufactures qui, depuis 1830, avec le développement de l'industrie, avait pris une extension nouvelle, était abandonné sans règles à la discrétion des fabricants ; les abus se multipliaient et prenaient parfois une gravité extrême. C'est alors que des hommes généreux s'émurent, et M. Legrand l'un des premiers. Prenant cette cause en main avec toute son énergie, il écrivit lettre sur lettre pour éveiller sur cette question l'attention des publicistes et des membres des deux chambres. On se rappelle cette brochure touchante écrite par lui, « d'une vallée des Vosges, » qui raconte l'histoire d'une famille brisée et flétrie par le travail excessif des enfants et par les *relais* de nuit. Sa voix, unie à celle du respectable Jean-Jacques Bourcart de Guebwiller et de la Société industrielle de Mulhouse, fut enfin entendue du gouvernement. Un projet de loi fut présenté aux Chambres en 1840, qui interdisait le travail des enfants avant l'âge de huit ans, le restreignait, jusqu'à douze ans, à huit heures par jour, et le prohibait pendant la nuit. Les excès du travail des enfants étaient signalés par le rapporteur « comme énervant » leur corps, pervertissant leurs mœurs, laissant leur intelli- » gence sans culture, leur âme sans religion et sans moralité. » Malgré des réclamations faites au nom de l'autorité paternelle et de la liberté d'industrie, la loi fut votée, et le nom de M. Legrand désigné « à la reconnaissance publique. » (*Moniteur* du 5 juin 1840, supplément. — Loi du 22 mars 1841).

Cette loi était assurément d'une pratique difficile ; laissée à la surveillance de commissions libres, elle ne fut guère appliquée. Toutefois, elle n'est point oubliée du gouvernement, et, grâce à l'intervention de S. M. l'Impératrice, il est aujourd'hui question de donner une extension régulière à un système d'inspection déjà essayé dans le département du Nord et fortement organisé en Angleterre.

M. Legrand ne s'arrêta pas à ce premier succès. Poursuivant la même pensée, il aurait voulu qu'une seconde loi, concertée entre les principales puissances, vînt réglementer en chaque pays le travail des ouvriers, et prévenir les excès de la concurrence et de la rivalité industrielle des peuples. Prendre l'ini-

tiative et provoquer une loi internationale, c'était entreprendre
une œuvre gigantesque. Rien ne l'arrêta. Trop entièrement à
son but pour sentir aucun des embarras de la timidité, il se
mit en rapport, par des visites et par une correspondance
infatigable, avec des hommes politiques éminents. Il adressa
aux souverains d'Europe et aux principaux hommes d'État un
appel respectueux dans lequel il indiquait sa pensée par un
projet de loi, et mettait en regard les législations de France,
d'Angleterre et de Prusse. Rappelant aux souverains que, parmi
les devoirs que la puissance impose, l'un des plus sacrés, c'est
la protection des faibles, c'est-à-dire de l'enfance et des classes
ouvrières, il leur demandait, au nom des périls de la situa-
tion présente, au nom de la justice et du christianisme, de
s'entendre pour assurer aux ouvriers le repos pendant douze
heures, aux enfants pendant dix-huit heures, à tous celui du
dimanche, et pour combattre par la loi ce qu'il signalait
« comme les plaies de l'industrie moderne, aussi funestes à
» l'âme de l'ouvrier qu'à son corps, le manque d'instruction et
» d'éducation, l'emploi prématuré des enfants dans les ateliers,
» le travail excessif, celui de nuit et celui du dimanche, si sou-
» vent suivi des débauches du lundi, le mélange des sexes, le
» casernement de l'ouvrier et l'abandon de l'ouvrier âgé, » il
vint à Paris remettre en personne cet appel aux plénipoten-
tiaires réunis à l'époque du congrès, et il obtint aussi à Berlin
une audience du roi de Prusse, ne pouvant consentir à laisser
à des ministres l'examen de la question.

Cinq fois il renouvela son appel; il l'adressait encore, au
mois de février 1859, de son lit de maladie; sa voix, main-
tenant éteinte, sera-t-elle entièrement oubliée? La Prusse, en
tout cas, s'en est souvenue, et, quelques semaines avant sa
mort, deux ministres, ceux du commerce et des cultes, lui de-
mandaient encore des renseignements sur son projet.

Si pendant toute sa vie M. Legrand parla de sollicitude pour
les classes ouvrières, le droit lui en était certes bien acquis par

son désintéressement personnel. Pénétré de respect pour la vie de famille, et convaincu que c'est elle qui préserve l'ouvrier du désordre, de la misère et du vice, il se refusa, malgré les avantages qu'il y eût trouvés, à appliquer à son industrie les machines hydrauliques et à vapeur ; elles eussent entraîné l'agglomération de ses ouvriers dans une manufacture, et M. Legrand tenait à les laisser à leur chaumière, à leur coin de terre, à leur hameau. Il voulait que le tisseur trouvât chez ses enfants l'aide dont il avait besoin ; qu'il partageât ses repas avec eux ; qu'il prît sa part du fardeau domestique, supporté si souvent par la femme seule ; que la famille conservât ainsi sa vie commune : car il sentait que, pour l'ouvrier aussi, rien ne remplace l'influence bienfaisante des devoirs, des joies et des enseignements du foyer. Malgré la concurrence croissante des métiers mécaniques, M. Legrand fut inébranlable, et Dieu bénit ses nobles intentions. Les produits du Ban-de-la-Roche se distinguèrent par une supériorité marquée ; les rapports de commerce devinrent des rapports d'estime et d'affection, et le nom de *Daniel Legrand* est aujourd'hui aussi considéré dans cette partie de l'industrie qu'il est respecté dans l'Église.

Nous ne parlerons pas ici des travaux de M. Legrand sur les impôts et leur répartition proportionnelle, ni de ses lettres au roi Louis-Philippe en 1847. S'il ne craignait pas d'aborder ces grandes questions sociales, c'est qu'il se souvenait de la maison de son père, où tous les problèmes politiques étaient discutés, où se décidaient des mesures importantes, où avait eu lieu notamment l'échange des douze députés de la Convention contre la fille de Louis XVI, madame la duchesse d'Angoulême.

Il était, d'ailleurs, encouragé par une illustre amitié, celle de madame la duchesse d'Orléans. Dès qu'elle dut venir en France, il se sentit ému d'une sollicitude respectueuse pour cette princesse protestante, étrangère aux mœurs et aux croyances de la cour. Il conçut la pensée de lui adresser chaque année les meilleurs ouvrages religieux publiés en France et en Allemagne ; ils lui arrivaient par une main inconnue, régulièrement la veille de Noël, comme un souvenir de son enfance et de sa première patrie.

Un hasard voulut que le nom et l'adresse de M. Legrand restassent un jour égarés dans un livre. Ainsi dénoncé à la duchesse, elle voulut le voir, et à l'un de ses voyages il fut convié et reçu aux Tuileries.

Dès lors commencèrent des rapports d'une bienveillance touchante du côté de la princesse, et du côté de M. Legrand d'une vénération non moins touchante, en ce siècle où l'on ne sait plus respecter. La duchesse d'Orléans devait, à son retour de Plombières, en 1842, s'arrêter au Ban-de-la-Roche : « Je t'y laisserai *oberliner* à loisir, » lui avait dit en souriant le prince.

On sait ce qui la rappela subitement à Paris.

Les coups douloureux qui vinrent successivement la frapper accrurent encore le dévouement de M. Legrand. Peu d'années s'écoulèrent sans qu'il ne vît la duchesse en France, puis en Allemagne et en Suisse. Son image, jointe à celles de quelques hommes distingués par leur foi ou leur caractère, ornait plus d'un panneau de sa maison, et qui eût pu suivre la voix de M. Legrand quand, le soir, elle s'élevait à Dieu, l'eût entendu mêler à toutes ses prières ce nom respecté.

Nous avons vu M. D. Legrand accueillir de sa chaude et cordiale sympathie toutes les souffrances de notre pays, signaler hardiment aux hommes du pouvoir les maux des classes humbles, et mettre à les guérir sa persévérante énergie.

C'était continuer l'œuvre d'Oberlin et marcher dans son esprit. « Oberlin, en effet, ainsi que le rappelait aux funérailles de M. Legrand M. le pasteur A. Matter, s'était intéressé à tous les progrès de la vie civile ; il avait d'abord travaillé à l'amélioration sociale de sa paroisse ; puis, à mesure que son nom grandissait, il se voyait mêlé à ce beau mouvement philanthropique qui se développait au temps de la Restauration, et qui

donnait une généreuse impulsion à toutes les bonnes institutions, salles d'asiles, écoles primaires, caisses d'épargne, pro-
pagation de bons livres, encouragement aux bonnes mœurs.
Oberlin exerçait une grande influence dans ce mouvement, et
l'on aimait à associer son nom à celui de Franklin. Mais Oberlin avait un caractère bien différent du philanthrope américain.
Oberlin était le philanthrope chrétien, profondément convaincu
qu'il y a solidarité entre l'Évangile et toutes les améliorations
sociales : grande vérité que l'on oublie trop souvent pour cette
division de travail qui se fait entre philanthropes, économis-
tes et légistes. En effet, si dans ces différentes branches l'activité parfois se ralentit, et si la séve semble arrêtée, c'est que
les branches sont séparées de leur tronc naturel, de ce livre
de Dieu qui leur donne la vérité et la vie. Toutefois, au temps
de la Restauration, il y avait un groupe nombreux d'hommes
qui voulaient l'accord de la religion et de la vie civile. M. D.
Legrand était animé de la même pensée ; il aimait à redire
cette maxime si belle et si vraie : *La civilisation d'un peuple,
c'est sa foi,* et par ce mot *civilisation* il n'entendait pas seulement l'obéissance aux lois, mais une activité grande et riche
à la fois, vivifiée et réglée par l'Évangile. »

Cette largeur de dévouement, si malheureusement réduite
de nos jours, même dans l'Église, par les préjugés de partis, ce
patriotisme chrétien qui a fait l'un des plus beaux traits de la vie
de M. Legrand, comme l'un des caractères admirables de l'œuvre
d'Oberlin, en ouvrant le cœur de ces hommes d'élite à toutes
les misères de leur paroisse et de leur temps, leur gagnait
aussi les sympathies des âmes droites de tous les rangs et de
toutes les croyances, et loin d'éteindre le zèle de M. Legrand
pour les œuvres de son Église, s'alliait, au contraire, chez lui
à d'énergiques efforts pour la défense et le service de la vérité
évangélique.

L'activité religieuse qu'il déploya pendant près de cinquante
années commença à son arrivée à Fouday. Lié d'une affection

fraternelle avec Henri Oberlin, le plus jeune fils du patriarche du Ban-de-la-Roche, son âme sensible fut entraînée par la piété profonde qu'il trouvait en son ami; il l'accompagnait dans les hameaux, et, avec lui, réunissait les familles pour lire l'Évangile et prier. En parlant sur les vérités de la foi, elles se révélèrent à lui dans leur force, et son cœur se livra avec élan aux impressions qu'elles faisaient naître. C'était le temps où l'esprit du xviiie siècle, qui avait voilé le dogme pour ne montrer que la morale, et qui avait enseigné l'innocence humaine et le développement des vertus, commençait à s'évanouir avec ses illusions. La foi de nos pères reparaissait chez quelques hommes jeunes avec son austérité et son ancienne vigueur. Réveil ardent d'un âge depuis longtemps éteint, d'abord puissant par son union, qui allait s'étendre dans les luttes, mais qui, bientôt entraîné vers l'isolement et l'individualisme, grandit sans direction et sans esprit d'unité, et semble aujourd'hui partout hésitant et partout divisé.

Le Ban-de-la-Roche précéda, en France, par ses œuvres les sociétés religieuses qui devaient successivement surgir à Paris de l'activité du réveil, et M. D. Legrand y prit une grande part. C'est dans le presbytère de Waldbach que naquit notre première association biblique. La société de Londres venait de se constituer lorsque Oberlin, le premier en France, se mit en rapport avec elle. On sait l'influence exercée par la lettre dans laquelle il lui rendait compte de la distribution des premiers exemplaires de la Bible ; cette lettre popularisa les noms des femmes pieuses qui l'entouraient, Sophie Bernard, Marie Muller, Catherine Scheidecker, et devint le germe des sociétés auxiliaires de dames et des salles d'asile, bientôt répandues en Angleterre, puis en Amérique, et de là revenues en France. Mais les secours de l'étranger ne pouvaient suffire aux besoins de notre pays. Sous le premier empire, l'Écriture sainte manquait entièrement aux Églises ; elles étaient réduites aux anciennes éditions de Genève et de Hollande ; dans nos plus grandes villes même, la librairie n'en pouvait procurer. En 1812 seulement, Frédéric Léo, retenu providentiellement à Paris par le blocus continental, avait publié une première édition stéréotype du Nouveau-Testament d'Ostervald, dont il avait mis l'administration entre les mains des deux consistoires de Paris. Il avait encore fait paraître, en septembre 1816, sa belle édition stéréotype du Nouveau-Testament de Lemaistre de Sacy. Les besoins étaient tellement sentis que le ministre de l'intérieur souscrivit pour mille francs, et que l'entreprise obtint l'appui de l'abbé Frayssinous, plus tard évêque d'Hermopolis, et de plusieurs ecclésiastiques. Le retour de l'ancien clergé avait ramené, en effet, sous la Restauration, quelques traditions gallicanes et jansénistes. C'était un moment propice pour faire en France de larges distributions des Écritures. M. Legrand y consacra tous ses efforts.

Au printemps de 1816, trois étrangers étaient réunis avec la famille Legrand à la table frugale d'Oberlin, Spittler de Bâle, alors secrétaire de la société chrétienne allemande, un baron livonien et un vicaire catholique. On s'entretenait des moyens d'étendre le règne de Dieu et de répandre l'Evangile en France. « Mais, dit Spittler, voici un comité : M. Oberlin, président, Henri Oberlin, secrétaire, Daniel Legrand, trésorier. » Le comité se constitua. Henri Oberlin parcourut la France pour établir, de distance en distance, des dépôts de Bibles ; il alla d'Alsace à Marseille, à Nîmes, à Montauban, à Bordeaux, en Vendée, à Nantes, à Orléans, et revint, épuisé de fatigue et malade, mourir au Ban-de-la-Roche l'année suivante. Daniel Legrand partit dans le même but pour l'ouest et le midi de la France, qui semblaient les plus dépourvus, et alla ensuite en Angleterre et en Allemagne, où il fit un séjour chez Schleiermacher. Pénétré du désir de répandre partout l'Évangile, il allait trouver les catholiques comme les protestants, et tous l'accueillaient ; c'était l'archevêque de Bordeaux, vieillard octogénaire, qui lui promettait de placer des

Nouveaux-Testaments dans son diocèse ; c'était l'évêque d'Angoulême qui lui en demandait deux cents exemplaires ; c'étaient des directeurs de séminaires qui en voulaient pour leurs élèves, des curés pour leurs paroissiens, des marins, des militaires qui les recevaient avec reconnaissance. Un cultivateur, Bénèche, le premier colporteur biblique, muni de l'autorisation du vénérable évêque de Montauban, en vendit à lui seul douze mille exemplaires ; deux commis négociants, Lhuillier et Gerber, tout en voyageant pour les affaires de leur maison, en placèrent pour leur part près de quinze mille. En même temps, les doyens Encontre et Bonnard à Montauban, les pasteurs Chabrand à Toulouse, Lissignol à Montpellier, Colani à Lémé, prêtaient au comité un concours actif. C'est ainsi qu'avait commencé la diffusion des Écritures en France, lorsqu'en 1819 lord Teignmouth, président de la société biblique de Londres et deux de ses secrétaires, MM. Owen et Renneberg, se rendirent à Paris, et provoquèrent la formation de la société biblique protestante, la plus ancienne de nos sociétés religieuses.

Quand Mme de Krüdener vint au Ban-de-la-Roche pour voir Oberlin, elle chercha en vain à décider M. D. Legrand à l'accompagner dans ses voyages ; les tendances mystiques n'étaient pas de celles qui faisaient vibrer son cœur ; il lui fallait la foi nette et ferme des hommes du réveil de Genève, MM. Bost, Guers, Empeytaz, Malan, avec lesquels il se mit de bonne heure en rapport. Il prit avec eux une part active au réveil d'Alsace.

En 1833, quand fut fondée la Société évangélique de France, dont les travaux avaient alors, plus que de nos jours, le caractère d'une mission intérieure, il eut des relations suivies avec MM. de Pressensé, Lutteroth, Wilks, et leur donna un concours dévoué. La publication du *Semeur*, destiné, dans le même esprit, à répandre l'Évangile parmi les classes lettrées, eut ses sympathies les plus vives. Il faisait adresser cette feuille à des recteurs, à des directeurs de plusieurs écoles normales, à des publicistes de talent, et, à la fin de chaque année, il adressait à la rédaction, dans une lettre particulière, ses observations sur la marche du journal. Il se joignit aux travaux de la Société évangélique de Genève, qui avait placé quelques colporteurs dans l'est de la France, et, par elle, se trouva en rapport avec MM. Tronchin, Saladin, Gaussen.

Mais M. Legrand ne se bornait pas à suivre de ses sympathies nos sociétés religieuses; il leur consacrait une partie de sa fortune. « Oberlin, disait-il, avec de faibles ressources, a fait beaucoup de bien, parce qu'il était pénétré de la sainte obligation imposée à chaque chrétien de faire à son prochain et à l'avancement du règne de Dieu une part dans ses ressources. Cette conviction, Oberlin l'appuyait sur l'autorité de la Bible; en montrant que, sous l'économie de la loi, les Israélites avaient payé chaque année à l'Éternel les deux dixièmes de leurs revenus, auxquels ils joignaient, tous les trois ans, une troisième dîme; que, sous l'économie de la grâce, une pauvre veuve avait mis dans le tronc des aumônes ses deux pites, tout ce qu'elle avait pour vivre, et qu'ainsi le chrétien devait se regarder comme tenu de donner au moins deux dîmes, si même le progrès évangélique ne devait pas le conduire à en donner trois. » M. Legrand avait adopté pour lui-même ce point de vue : il divisait ses dépenses en deux parts, ses dépenses de charité et ses dépenses de famille, et s'il ne tenait pas toujours la balance égale, c'est parce que souvent il la laissait pencher vers les premières. Il avait aussi le principe de ne jamais refuser une demande de secours, et il suivait si scrupuleusement cette loi qu'il s'était faite à lui-même, que, lorsqu'un mendiant l'accostait sur le chemin, on le voyait, s'il n'avait pas de monnaie, lui laisser une pièce d'or plutôt que de passer sans lui répondre. Il accompagnait toujours ses dons de procédés délicats et bienveillants. Parlerons-nous de la persévérance de sa charité, de ces instituteurs indigents, de ces familles malheureuses, de ces institutions modestes dont il s'était fait le protecteur, et

dont il est resté le soutien infatigable pendant trente et quarante années? Rappellerons-nous sa crainte de l'ostentation,
le soin qu'il mettait à éviter toute mention de ses offrandes,
et à dérober son nom dans les rapports publics? s'il le lais--
sait quelquefois paraître pour l'exemple, ce n'était en général,
qu'avec l'indication d'une somme relativement minime, et en
mettant sous l'anonyme le véritable chiffre de ses dons.

Sa demeure était ouverte à tous ceux qu'amène encore au
Ban-de-la-Roche le souvenir d'Oberlin. Le catholique comme le
protestant de toutes les opinions y retrouvait toujours le même
accueil simple et cordial. Qui n'a été voir en Alsace la vallée
d'Oberlin, resserrée entre ses montagnes que couronnent des
forêts de sapins vastes et sombres, mais dont les flancs sauvages
ne portent guère que des bruyères et des rochers? A leurs pieds
au bord d'un courant d'eau bruyante, et entourée de quelques
prairies, s'élevait la maison de M. Legrand, d'un aspect si simple avec son toit de chaume, ses meubles de noyer, sa longue
table hospitalière, où M. Legrand aimait à se retrouver chaque
jour quatre fois en famille, et autour de laquelle, matin et soir,
ses enfants et ses domestiques venaient l'écouter lire un cha-
pitre de l'Évangile et une prière. Que d'hommes étrangers de
position et de tendance, que de chrétiens d'élite s'y sont re-
trouvés fraternellement!

L'amitié de M. Legrand était si loyale, si empressée à voiler
les défauts, et pourtant si clairvoyante, qu'elle attirait tous
les cœurs. Rappellerons-nous sa liaison en France avec Vinet,
Verny, Adolphe Monod ; en Allemagne, avec Arndt à Bonn,
Schubert à Munich, Tholuck à Halle, Raumer et Krafft à Erlan-
gen, Hoffmann et Krummacher à Berlin, Bunsen à Heidelberg?
Son âme, tendre et respectueuse, aimait à ignorer le mal ou à
le taire. Nous ne l'avons jamais entendu prononcer une parole
d'accusation ou de blâme, et de peur d'être injuste, jamais
vouloir écouter même un bruit malveillant.

Les années vinrent et ses cheveux blanchirent, mais il conservait la même jeunesse de cœur et le même feu. Toujours aussi dévoué aux œuvres du Réveil, il suivait cependant leur marche si souvent languissante avec préoccupation. Il avait vu avec un vif regret plusieurs hommes de foi se séparer de l'Église établie pour en organiser de nouvelles ; il ne cessait pas d'être attaché à ses amis, mais il ne pouvait non plus renoncer à aimer son Église, malgré sa misère, et à mettre sa fidélité à la servir. La marche des sociétés religieuses ne le satisfaisait pas sur tous les points ; c'est ainsi qu'il aurait désiré que la Société biblique s'appliquât surtout à répandre le Nouveau-Testament, et plus spécialement encore l'Évangile selon saint Jean, et qu'elle accompagnât sa distribution de quelques traités choisis. Mais une préoccupation plus grave remplit ses dernières années : la foi chrétienne se simplifiait de plus en plus à ses yeux ; elle lui semblait toute résumée en Jésus-Christ. Quelques mots d'Adolphe Monod, cités par la duchesse d'Orléans, sur la présence personnelle de Jésus-Christ dans l'Église, lui ouvrirent comme un jour nouveau. S'associer au Sauveur par la foi, demeurer avec lui dans une communion habituelle, le chercher comme l'enfant cherche son père, lui tout confier, lui tout demander, le consulter et aller sans cesse à lui, le contempler, le posséder, voilà comment il comprit le christianisme ; sa force et sa joie furent dès lors de le pratiquer ainsi. Il lui semblait que jusque-là toutes les vérités évangéliques lui eussent servi de peu de chose, que tous ses efforts se fussent portés au service d'une cause accessoire. « La doctrine de Christ, disait-il, est dans sa personne : le salut par Christ, la vie avec Christ et en Christ, voilà tout l'Évangile. » Et il se plaisait à rappeler ce mot de Lavater : *Avoir Christ ou désespérer !* La cause essentielle, celle du Christ ressuscité, il la voyait partout négligée, oubliée même ; il aurait donc voulu qu'au lieu de lutter entre eux et de se diviser pour tel dogme ou telle Église, tous les chrétiens s'unissent pour aimer ensemble Jésus-Christ, et pour affermir son règne en eux et autour d'eux. Lui-même prit la résolution de consacrer le reste de sa vie au service de cette sainte pensée ; il publia des brochures, fit réimprimer à ses frais et distribuer quelques traités de Ryle, et répandre jusqu'au dernier jour par centaines de mille en France, en Allemagne, et jusqu'en Suède et en Russie ces feuilles détachées que tous connaissent. Elles portaient comme titre : *Qu'est le christianisme?* et comme réponse, un seul mot qui résumait toute une profession de foi développée au-dessous : *Jésus-Christ.* Sur l'autre, on lisait : *Christ est-il pour nous un Sauveur présent, et vivons-nous dans une communion filiale avec lui? Question intime adressée aux chrétiens de toutes les confessions, aux personnes de tout âge et de toute position sociale.*

Quand la maladie vint, sa foi fit sa force. Sa santé s'était altérée depuis les fatigues d'un incendie qui, à Belmont, village le plus élevé de la montagne, avait, en 1852, consumé quarante maisons, et où nous l'avons vu, malgré son grand âge, se mettre le premier aux travaux les plus pénibles, et donner ainsi l'exemple du dévouement; plus tard, encore affaibli par un séjour à Paris, où rien n'avait pu le décider à ménager ses courses, toutes consacrées au but sacré qu'il poursuivait, il fut, en 1858, atteint d'une hydropisie du cœur qui l'enleva le 10 mars 1859. Ses souffrances étaient des plus pénibles; c'étaient des suffocations, des angoisses invincibles; mais plus ses forces s'affaiblissaient, plus il semblait respirer la paix du ciel. Ses dernières paroles furent une prière pour les siens, pour ses amis, pour son pays; son dernier adieu, une bénédiction donnée à tous. « Je vous aime tous en mon Sauveur ; aimez-le, répétait-il, gardez le avec amour ; j'aime tendrement les petits et les grands, les riches et les pauvres, les bons, les saints, les pieux, les méchants, les voleurs. Je les aime tous en mon Sauveur, tous pour l'éternité. »

Ainsi s'éteignit Daniel Legrand.

Paris — Imprimerie de Dubuisson et C°, rue Coq-Héron, 5.